Maik Beta

Maiks Zauberbuch

Impressum

Maik Beta,
„Maiks Zauberbuch",
1. Auflage:
Copyright (C) 2009 by Maik Beta.
Alle Rechte vorbehalten.

Satz: Maik Beta.
Fotos: Susanne Jessen, Coverfoto „Sonnenaufgang",
„Ich zaubere Sicherheit" (S. 19) und „Maik" (S.69);
Wanda Beta, „Ich zaubere Geld" (S. 45).
Herstellung und Verlag:
Books on Demand GmbH, Norderstedt.
ISBN: 9-783839-117019.

Die Deutsche Nationalbibliothek verzeichnet diese
Publikation in der Deutschen Nationalbibliografie;
detaillierte bibliografische Daten sind im Internet unter
http://dnb.d-nb.de abrufbar.

Inhaltsverzeichnis

Viel Spass !

Wieso ich dieses Buch gezaubert habe

Kommunikation ist für mich so wichtig wie für andere ihr **Haarspray**.

Ermutigung ist für mich so wichtig, wie für andere, mir bekannte Personen, ihr **Parfum**.

Gäbe es **keine Kommunikation** und **keine Ermutigung**, würden wir Menschen uns immer noch **mit Steinen bewerfen**.

Dieses Buch ist Kanonenfutter, allerdings nicht physikalisch, sondern geistig!

Mein Ziel ist, Dich dazu einzuladen, zu **zaubern**!

Trenne Dich nie von Deinen Illusionen. Wenn sie verschwunden sind, magst Du vielleicht weiter existieren, doch aufgehört haben zu leben.
Mark Twain (1830-1903)

Zauberlied

1. Sag' mir nicht, Du kannst nicht zau-bern,

Zau - be - rei sei wirk - lich 'out',

denn die al - ten Zau - ber - krä - fte

wa - chen jetzt all - mäh - lich auf!

2. Du bist jetzt, ein echter Zau'brer,
   mit 'nem Zauberelexier,
   Elfen, Feen und Menschen tun jetzt,
   alles, dass Du's schön hast hier!

3. Wehe dem, der ganz verlogen,
   nur in alte Zeiten schaut,
   Neues wird dank Dir erschaffen,
   Freude strömt durch Stadt und Land!

1. Zauber: Ich zaubere Freude!

Zauberer sind Elfen und Feen in Menschengestalt. Es sind Menschen, die es verstehen, genau das zu starten, durchzuführen und abzuschließen, was zu einem anschließend zauberhaften Leben führt.

Ich selber kann von mir sagen, dass ich weiß, was für mich ein zauberhaftes Leben ist: Für mich ist mein Leben dann zauberhaft, wenn ich eine klare Entscheidung treffe, mit der ich voll zufrieden bin. Eine Entscheidung, was ich starten, verändern oder abschließen möchte. Und wenn ich dieses dann tue.

Zum Beispiel treffe ich die klare Entscheidung, ein Brötchen zu essen. Das beinhaltet die Entscheidung, den Verzehr des Brötchens zu starten, zu verändern und abzuschliessen. Ich nehme das Brötchen, esse es und dann ist es in meinem Magen, womit die Sache abgeschlossen ist.

Die Entscheidungen, die ich treffe, sind auf Freude ausgerichtet. Durch die Umsetzung meiner Entscheidungen erlebe ich daran Freude und meine Umgebung erlebt daran Freude. Überhaupt erleben durch meine Entscheidungen möglichst alle das höchstmögliche Maß an Freude! Deswegen nehme ich kein verschimmeltes Brötchen, sondern ein frisches Brötchen. Eine Fehlentscheidung wäre in diesem Sinne eine Entscheidung, ein verschimmeltes Brötchen zu essen.

Die Umsetzung einer Entscheidung, welche Freude bringt, das ist Zauberei!

Wenn Du in diesem Buch also vom Zaubern liest, oder wenn ich von Zauberei spreche, so meine ich damit die Umsetzung einer Entscheidung, welche Freude bringt! Hier folgen fünf Beispiele für eine Entscheidung, welche Freude bringt:

• Ein motivierendes Buch schreiben. Diesen Vorgang starten, durchführen und abschliessen.

• Mit jemandem ein Gespräch zu führen mit dem Ziel, Gemeinsamkeiten in Sachen freudevolle Ziele zu finden.

• Etwas bereits angefangenes entweder durchführen und abschliessen oder es nicht zu tun, es in Luft auflösen. Je nachdem, welcher der beiden Wege zu mehr Freude führt.

• Jemandem etwas zu liefern, was ich sowieso gerne über eine längere Zeit hinweg liefern möchte und was diese Person wünscht.

• Etwas nicht zu tun, was ich nicht tun will, im Hinblick darauf, dass mir und anderen das Nicht-Tun mehr Freude bringt, zum Beispiel nicht eine Militärkriegsaktion unterstützen, weil es eben über längere Zeit hinweg keine Freude bringt.

Um ein guter Zauberer zu sein, tue ich also Folgendes:

✔ Ich treffe Entscheidungen, was ich starten, was ich stoppen und was ich verändern oder durchführen möchte.

✔ Ich tue es.

Und schon lebe ich im Zauberland!

2. Zauber: Ich zaubere Neues!

Ein Zauberer hat die Eigenschaft, etwas Eigenes zu schaffen. Er zaubert etwas Eigenes ins Dasein.

Doch ein Zauberer zaubert nicht nur mit Hilfe seiner Erfahrungen Neues ins Dasein, sondern vor allem mittels seiner Fantasie. Dann trifft er Entscheidungen, was er gerne starten, durchführen oder abschliessen möchte, um die Vorstellung umzusetzen – und tut es.

Karl von Drais baute im Jahre 1817 die Draisine, einen Vorläufer des Fahrrads. Er konnte sich die Draisine in seiner Fantasie vorstellen, bevor sie sichtbar war. Die Draisine besteht aus zwei verbundenen Holzrädern und einem Sattel darauf. Der Fahrer stößt mit den Füßen gegen den Untergrund, um in Fahrt zu kommen. In der damaligen Zeit gab es Menschen, die sich das nicht vorstellen konnten, weil sie nur auf der Grundlage ihrer Erfahrungen lebten. Es gibt keine Draisinen, dachten diese Leute, man kann nur zu Fuß gehen oder auf Pferden reiten. Doch es gab auch Menschen, die sich die Draisine vorstellen konnten. Drais jedenfalls konnte das, traf Entscheidungen und setzte sie dann um. Zum Beispiel traf er die Entscheidung, die benötigten Materialien zu sammeln und damit die Draisine zu bauen. Nachdem sie in Betrieb war, wurden andere Tüftler auf die Draisine aufmerksam. Vielleicht Tüftler, welche schon länger eine ähnliche Vorstellung im Kopf hatten, aber nie die Zeit fanden, diese umzusetzen. Auf jeden Fall wussten sie nun, dass es möglich ist, eine Draisine zu bauen, fanden heraus, wie, fügten etwas Fantasie hinzu, trafen Entscheidungen und fünfzig Jahre später gab es die ersten Fahrräder mit Pedalantrieb.

Wenn es keine in der Fantasie kreirten Szenarien gibt, gibt es auch nichts Neues! Wenn ich mir also wünschen würde, dass sich auf diesem Planeten nichts ändert, dass alles so bleibt, wie es ist, dann würde ich nur auf der Grundlage des Sichtbaren Entscheidungen treffen. Und das Sichtbare ist eben auch das, was mir andere Leute mitteilen. Oder der Fernseher... Und es würde nämlich gar nicht alles so bleiben, wie es ist, denn in der gegenwärtigen, sichtbaren Realität gelten unter anderem die Grundsätze, dass alles immer schlechter wird, dass Dinge sich verändern, dass die Zeit die Wunden heilt oder dass es eben doch noch Wunder und Neues auf der Welt gibt. Und Letzteres möchte ich mit diesem Buch bewirken.

Was wäre, wenn ich plötzlich in einer ganz anderen Sprache zu Dir schreiben würde? Umhardabar lerkoja njunbarom. Fevita lakita mauzara!

Nun, dieser fremdsprachige Satz war definitiv etwas Neues, enthielt eine Portion Fantasie, gegenwärtige Fantasie. Aber andererseits stimmt er nicht mit der gegenwärtigen, sichtbaren Realität überein. Ich müsste mich ganz schön anstrengen, jemanden zu finden, der diese Sprache lernen möchte.

Allerdings habe ich bereits gekannte Laute und Buchstaben verwendet, also war dieser Satz auch auf bereits vorhandenen Erfahrungen aufgebaut. Würde ich ausschliesslich auf der Grundlage vorhandener Erfahrungen denken, so hätte ich mir diesen fremdsprachigen Satz nicht vorstellen, und ihn damit auch nicht aufschreiben können.

Ein weiteres Beispiel: Ich schreibe ein Gedicht und kreire es gegenwärtig in meiner Zaubererfantasie. Natürlich muss ich es in einer bereits vorhandenen Sprache schreiben, damit andere es auch schnell verstehen. Durch den hohen Anteil an Fantasie wäre es allerdings etwas Neues.

Das anschließende Vorlesen oder Auswendigsprechen enthielte wiederum einen geringeren Anteil an Neuem, da es ja aus der Erinnerung heraus geschieht. Allerdings könnte ich dennoch meine Fantasie einsetzen, denn ich kann mein Gedicht in einer spontan ausgedachten Weise betonen. Außerdem wäre es für die Personen, die zuhören, etwas Neues.

Das, was in der Gegenwart mittels Fantasie, also unabhängig von Erinnerung entschieden und dann gestartet, verändert oder gestoppt wird, ist die Zauberei von etwas Neuem.

Es ist mir wichtig, die eigene Fantasie zu verwenden, denn nur dann kann etwas Neues ins Dasein gebracht werden. Nur dann können übrigens auch Situationen in neuer Weise verändert werden. Eine Frau, die mit ihrem

Mann zusammenbleibt, und es sich nicht vorstellen kann, sich von ihm zu trennen, wird es auch nicht umsetzen können. Angenommen, der Mann behandelt sie nicht gut, dann könnte sie sich nicht von ihm trennen, sondern würde sich weiterhin schlecht von ihm behandeln lassen.

Ich habe vor zwei Monaten, im Juli, ein Lied aufgenommen. Von abends um acht bis morgens um sieben. Ich habe einfach eine Melodie ausgedacht, einen Text geschrieben, diesen dann gesungen und aufgenommen. Vor zwei Wochen habe ich dann dieses Lied live vor meiner Schulklasse aufgeführt, mit Keyboard, Trommel und dem Liedtext vor meiner Nase. Ich habe das Ganze sogar vorher geprobt.

Doch der Zeitpunkt der Aufführung war pure Zauberei, es geschah 'Jetzt'. Es fand in der Gegenwart statt. Und die Klasse hat gelacht und kreirt dieses Lied weiter, mit einem eigenen Tanz.

Ich habe also etwas Neues in die Welt gezaubert!

... Doch wieso war es für mich Zauberei, wieso war es etwas Neues, wieso war es für mich nicht langweilig, sondern spannend? Weil ich gegenwärtig, zum Zeitpunkt der Aufführung, auch meine Fantasie genutzt habe. Die Art, wie ich es singe, habe ich zum Teil einfach in der Gegenwart erfunden. Wen ich dabei angucke, in der Gegenwart erfunden. Was ich fühle, mit Hilfe der gegenwärtigen Fantasie erschaffen. Außerdem habe ich die Entscheidung getroffen, das Lied aufzuführen und es dann gestartet, durchgeführt und abgeschlossen.
Und wieso haben meine Mitschüler das Lied toll gefunden? Wieso haben sie nicht gesagt: Das kennen wir nicht! Das können wir uns nicht vorstellen!

Weil sie es eben auch in ihrer Fantasie mitkreirt haben und das Lied dann zu einer gemeinsamen 'Realität' wurde!

Die Fantasie ist die Grundlage dafür, Neues ins Dasein zu zaubern!

Und schon komme ich zum nächsten Thema.

3. Zauber: Ich zaubere Sicherheit!

Ich mag Sicherheit. Sicherheit sagt mir, dass etwas gut ist, dass es gemocht wird, dass es weiterhin so gehen kann. Im vorherigen Beispiel habe ich mich sicher gefühlt, und selbstbewusst, denn ich wusste, dass ich eine Entscheidung getroffen habe, welche Freude bringt. Ich habe ein Lied gesungen und die Mitschüler haben gelacht.

Wieso erscheint dann die gegenwärtige Umwelt allgemeinhin unsicher? Ich beziehe mich hier auf die Nachrichten, welche verbreitet werden, Nachrichten von Krieg, Terrorismus, Krankheiten und von Gewalt. Nun, weil diejenigen, welche auf der Grundlage vorhandener Erfahrungen oder auf der Grundlage des Sichtbaren denken, und nur auf dieser Grundlage, keine Fantasie haben, sich etwas anderes vorzustellen!

Damit können sie auch nur weiterhin von Krieg, Krankheiten und Gewaltakten reden, wenn sie denn überhaupt noch reden wollen. Und da sie ja damit eine Vorstellung vermitteln, kommt diese Vorstellung auch bei anderen an, und daraus wird dann die Realität. Der Erfinder der

*Ich fühle mich selbstbewusst und sicher, wenn ich eine
Entscheidung getroffen habe, von der ich weiß, dass sie Freude
bringt. Bäume sind noch so ein Beispiel: Sie bringen uns und der
Natur definitiv Freude und deswegen sehen sie auch so
selbstbewusst, sicher und stabil aus.*

Draisine stellte sich die Draisine vor. Andere stellen sich eben Kriege vor.

Doch dagegen habe ich einen Schutzzauber parat. Um mich vor solchen Vorstellungen zu schützen, lasse ich nur solche Vorstellungen in mein Denken, welche ich mir auch wünsche und lasse Vorstellungen, welche ich dort nicht haben möchte, auch nicht hinein.

Damit habe ich auch den Beweis erbracht, dass eine Realität nicht statisch ist, sondern unter den beteiligten Personen und im weiteren Sinne von allen beteiligten Pflanzen, Tieren, Objekten usw. geteilt wird. Ferner kann jeder Aspekt einer Realität gestartet, verändert und gestoppt werden. Und da ich ja Sicherheit zaubern möchte, habe ich mich entschieden, dieses Buch zu schreiben, welches Dir ja nun vermittelt, wie Du Dir die Welt nach Deinen Vorstellungen zauberst, und nicht nach der Vorstellung von irgendwelchen Leuten, welche Ihre Fantasie mit ihrer Erinnerung vertauscht haben, und denken, dies sei dasselbe.

Doch nochmal zurück zum Thema Fernseher. Manchmal wundert es mich wirklich, dass an einem Tag erzählt wird, das Wetter sei gut, und am nächsten Tag, es sei schlecht. Dies ist zwar beobachtbar, doch meine ich damit im weiteren Sinne die Zweifel, die Unentschlossenheit, die Unsicherheit, die von der genannten Quelle erzeugt wird. Oder eher: Erzeugt wurde, denn dieses Buch deckt diesen Sachverhalt ja auf. ...Fakten sprechen gegen Fakten. An einem Tag ist Roman Polanski ein großer Künstler, am nächsten Tag ein Vergewaltiger. An einem Tag wird der Vegetarismus als Rettung der Menschheit gepriesen, am nächsten Tag wird erzählt, dass Vegetarier leichter krank werden. An einem Tag wird vor der Zerstörung der Umwelt gewarnt, am nächsten Tag erscheint massive Werbung für Erdöl verbrauchende Maschinen aller Art. An einem Tag wird Mallorca als Urlaubsparadies gepriesen, am nächsten Tag gibt es von dort Terrorwarnungen und den Hinweis, dort lieber nicht den Urlaub zu verbringen. Wenn ich als Zuschauer tatsächlich beides glaube, habe ich ein Problem, denn ich weiß nicht so recht... Ich weiß nicht, ob ich mich nun vegetarisch ernähren sollte oder nicht. Ich weiß nicht, ob ich Michael Jackson genial finden soll oder wahnsinnig. Ich weiß nicht, ob ich meinen Aufenthalt an der Sonne werde genießen können.

Und deswegen stelle ich mir ab sofort eine Fernseherkultur vor, welche tatsächliche Lösungen findet und Antworten gibt. Doch auch dies wird nicht geschehen, wenn ich nicht in meinem Leben damit beginne.

4. Zauber: Ich zaubere Antworten!

Ich mag Antworten. Weil ich dann weiß, was ich zu starten, durchzuführen und zu stoppen habe, um im Leben das zu erreichen, was ich erreichen will.

Ich stelle mir selbst eine Frage, zum Beispiel: Was möchte ich im Leben tun? Diese muss ich mir beantworten, wenn ich wissen will, was ich im Leben zu starten, durchzuführen und zu stoppen habe.

Wenn ich mir diese Frage nicht beantworte, laufe ich ziellos durch die Welt, starte irgendwelche Dinge, führe irgendwelche Dinge durch und stoppe irgendwelche Dinge. Ich starte ein Musikprojekt, stoppe meine Geldeinnahmen und nehme am Wochenende und auch unter der

Woche an der einen oder anderen Saufparty teil. Oder irgendwas anderes: Ich kaufe mir einen Computer, beschäftige mich mit Programmierung und am nächsten Tag möchte ich meine Zeit als Gärtner verbringen und habe nichts mit Computern am Hut. Doch einen Tag später lasse ich Computer und Garten stehen und fliege in die Berge. Kurz vor Reiseantritt entscheide ich mich, doch lieber zu Hause zu bleiben und so weiter. Oder ich wechsel ständig meine Freunde. Natürlich wäre dies auch ein Beweis für meine Fähigkeit, die Realität zu verändern, doch es wäre eben ein Weg, der mir, und vor allem anderen, wenig Freude bringt und somit auch eher schwarzer Magie und nicht farbenfroher Zauberei entspricht.

Doch angenommen, ich habe mir eine klare Antwort auf die Frage, was ich im Leben tun möchte, gegeben, taucht schon die nächste Frage auf: Wie kann ich es erreichen? Ich möchte zum Beispiel vor Publikum Klavierspielen. Dies kann ich erreichen, indem ich mich bekanntmache, einen Vertrag abschliesse und dann am Einsatzort ein Konzert durchführe. Doch schon taucht eine nächste Frage auf: Was soll ich anziehen? Oder: Wie kann ich vor Publikum erfolgreich sein? Dazu finde ich mir wieder eine Antwort, z.B. befrage ich einen anderen Künstler oder lese ein Buch. Und so weiter. Hätte ich keine Antworten auf meine Fragen, könnte ich kaum sinnvolle Entscheidungen treffen, was ich zu starten, durchzuführen und abzuschließen habe, um mein Ziel zu erreichen. Ich wäre irgendwo auf dem Weg steckengeblieben. Einfach, weil eine Frage unbeantwortet blieb!

Ich erinnere mich an eine Situation, als ich als Erstklässler in der Grundschule ein anderes Kind anschaute, weil ich ihm gerade etwas sagen wollte, um es näher kennenzulernen. Doch bevor ich meinen Mund aufgemacht hatte, beantwortete es meinen Blick mit: „Was guckst Du so blöd?". Ich bekam Angst und wollte nichts mehr mit diesem Kind zutun haben. Ich bin also in Bezug auf mein Ziel, dieses Kind kennenzulernen, steckengeblieben.

Wenn mir damals meine Zauberkräfte bewusst gewesen wären, hätte ich Folgendes getan: Um mich nicht weiter mit dieser Person befassen zu müssen, könnte ich die Frage, wer diese Person sei, einfach in Luft auflösen und mir eine neue

Person auswählen, die ich kennenlernen möchte. Mir die Frage also so beantworten, dass dieses Kind blöd und aggressiv sei (was es in diesem Falle ja auch war) und ich lieber jemand anderen kennenlernen möchte. Oder tatsächlich so tun, als ob ich dieses Kind nie angesprochen hätte und dann einfach erneut das Kind, vielleicht sogar dasselbe, ansprechen. Dies wäre nur mit Hilfe meiner Zaubererfantasie möglich. Denn die meisten Kinder handeln auf der Grundlage der Realität. Wenn ein anderes Kind also in meinen Augen blöd und aggressiv ist, dann ist es in meinen Augen auch aggressiv und blöd und ich möchte mit ihm lieber nichts zu tun haben. Mit einer starken, lebendigen Fantasie würde ich es schaffen, das Kind einfach erneut anzusprechen, als ob nichts gewesen wäre.

Oder ein anderes Beispiel, als ich im Alter von 16 Jahren mit einem WG-Mitbewohner am Tisch saß und er nicht redete und nicht redete... Ich stellte ihm also Fragen:
„Wie gehts?" - „Schon okay."
„Was machst Du heute?" - „Ach, ausruhen. Ich lasse den Tag auf mich zu kommen!"
„Und wie war die Arbeit?" - „War schon okay!"

„Aha, und was hast Du heute noch vor?" - „Ach, mal sehen."

Oder noch krasser: Vor knapp fünf Wochen stand ich im Flur meiner Schule und sprach eine Schulkameradin an: „Wie geht's?" - „Weiß ich nicht." - „Wirst Du heute am Unterricht teilnehmen?" - „Ich weiß nicht so recht." Diese Schulkameradin konnte fast keine einzige Frage beantworten und verließ auch kurz darauf die Schule. Sie konnte nichts Eigenes in die Welt bringen, noch nicht einmal eine Antwort.

Die Beispiele, die ich beschrieb, zeigten Leute, welche mir und anderen keine Gelegenheit gaben, ihnen eine Freude zu bereiten, weil niemand so recht wusste, was er bei diesen Personen starten, durchführen und abschliessen könnte, um eben dies zu erreichen, ihnen eine Freude zu bereiten. Die genannten Personen gaben keine oder nur schwammige Antworten und ließen alle möglichen Fragen offen.

Deswegen ist es gut, Antworten zu geben. Für meine Freunde und meine Mitmenschen ist es gut, Antworten von mir zu bekommen. Weil sie dann wissen, was sie bei mir starten, durchführen und abschließen können, um eine Entscheidung umzusetzen und mich zu erfreuen. Wenn meine Freunde wissen, dass ich Kräutertee mag, dann wissen sie, dass sie mir Kräutertee einschenken können, um mich zu erfreuen. Sie müssen mich gar nicht erst fragen. Vielleicht ist es offensichtlich, weil ich ja immer mit Genuß Kräutertee trinke, also beobachtbar.

Als Kind teilte ich jeder mir vertrauten Person mit, dass ich gerne gekitzelt werde, und so konnte mir jeder, der mich mochte, prompt eine Freude bereiten.
Und so weiter, und so weiter.

Als Übung kann ich mir hin und wieder eine Frageliste schreiben mit den Fragen, die mir am Herzen liegen. Und diese kann ich dann beantworten. Ich muss sie nicht unbedingt aus meiner Erfahrung heraus beantworten, sondern kann auch meine Fantasie dazu verwenden. Zum Beispiel Würde ich auf die Frage, ob ich gerne eine Liebesbeziehung haben möchte, nicht antworten: „Ach, früher hat es nicht geklappt. Ich weiß nicht. Vielleicht." Dies wäre eine Antwort auf der Grundlage der bisher wahrgenommenen Realität.

Stattdessen würde ich schreiben: „Ich bin offen für eine Liebesbeziehung und es gibt ein hübsches Mädchen, welches mich süß findet und welches zu mir passt!"

Doch nun zurück zum Thema: Ich gebe meinen Freunden und meinen Mitmenschen reichlich Antworten auf Fragen, auch auf ungestellte Fragen, denn dann ist der Blick frei auf größere Probleme, auf größere Fragen und auf ihre Beanwortung.

Eine der größten Fragen meines Lebens war bisher übrigens, was ich im Leben am liebsten tun möchte. Die Antwort auf diese Frage hat starke Auswirkungen auf mein Leben gehabt, deswegen ist es wichtig, dass ich mir zu jeder Zeit darüber klar bin. Schließlich füllt das, was ich tun will, einen großen Teil meines Lebens aus.

Was ist meine Berufung? Was ist mein Beruf?

5. Zauber: Ich zaubere mir meinen Beruf!

Was will ich über längere Zeit liefern? Wenn ich mir diese Frage beantwortet habe, finde ich Menschen und Gruppen, die diese Lieferung wünschen!

Erst vor vier Tagen begegnete ich einem Mann, welcher seit drei Jahren erfolgreich in einem Elektronikfachhandel arbeitet. Er erzählte mir begeistert von seiner Arbeit. Er zeigte mir einen kleinen Datenstick, welcher die Größe eines Schlüssels und einen Speicherplatz von 8 GB hatte, was mich sehr begeisterte. Er beantwortete meine Computerfragen prompt und in Fachbegriffen, welche ich als Laie kaum verstehen würde. Er erzählte von seiner Kundschaft. Es seien auch Geschwister prominenter Leute dabei. Er hätte mit ihnen gesprochen, sie würden Gebrauch von seinen Produkten machen.
Dieser Mann sagte abschließend: „Ja, ich mag meinen Beruf!"
Offensichtlich weiß er, was er über längere Zeit liefern möchte. Und dieser Mann hatte seine Zielgruppe, die seine Dienste in Anspruch nimmt, definitiv gefunden.

Nun stelle ich mir vor, dieser Mann würde in einem Kindergarten arbeiten. Er würde herumlaufen und den Kindern irgendwelche Fachbegriffe um die Ohren hauen. Vergeblich würde er versuchen, den Eltern Hightech-Geräte zu verkaufen. In einem Kindergarten wären seine Leistungen fehl am Platz. Er wüsste zwar, was er liefern möchte, hätte aber nicht die richtige Zielgruppe gefunden.

Noch ein Beispiel: Ich habe mal in einem Restaurant ein Konzert fabriziert. ‚Fabriziert' sage ich deswegen, weil dort Menschen waren, die überwiegend auf Technomusik stehen. Ich habe Klassik und eigene Kompositionen geliefert. Ich hatte fünf aufmerksame Zuhörer. Leider lief im Nebenraum laute Musik. Und die Übertragung des Formel-1-Rennens musste auch laufen. Das war also nicht meine ideale Zielgruppe.

Andererseits gab es auch schon Orte, wo meine Dienste sehr erwünscht waren: Zum Beispiel im Kindergarten oder in einem Sommerlager, wo ich eine Kinder- und Jugendgruppe musikalisch begleitet habe.

Doch manchmal gibt es auch Jobs, wie die Erschaffung von Sauberkeit, die ich zwar nicht über längere Zeit durchführen möchte, die aber sehr nützlich sind, wenn ich zum Beispiel meinen Arbeitsplatz sauber mache, weil es keine Reinigungskraft gibt, oder wenn ich jemandem helfen möchte.

Es gibt nämlich nichts Gutes, außer man tut es!

6. Zauber: Ich zaubere Hilfe!

Es gibt Dinge, die ich gerne über längere Zeit liefere, z.B. neue Musikstücke. Aber manchmal kann ich mit kleinen, schnell durchführbaren Dingen Zustände verbessern.

Meine pflegebedürftige Oma lebt bei uns. Sie kann einiges tun: Den Abwasch, die Kartoffeln schälen, den Boden fegen, ... Meine Mutter und ich haben in Omas Anwesenheit entschieden, dass sie, als ältestes Familienmitglied, eine Vorbildrolle hat. Und dann haben wir festgestellt, dass sie ja gar kein eigenes Geld besitzt. Ein Vorbild, dass kein eigenes Geld besitzt! - Eine Gefahrensituation. Prompt haben wir ihr eine Gelddose geschnekt. Mit deren

Inhalt kann sie uns dann eine Freude zaubern, zum Beispiel einen Kuchen spendieren, ihrem Enkel zum Geburtstag Geld schenken, oder sich selber etwas gönnen. Unser Vorbild kann nun also mit Geld umgehen und hat mehr Möglichkeiten, etwas Eigenes zu erschaffen - zur Freude aller!

Mein Vater hat mir, als ich noch ein Kind war, ein Klavier gekauft. Dies ist nicht sein regulärer Job. Er verschenkt nicht einfach so Klaviere an irgendwelche Kinder. Doch in diesem Falle hat er mir echt geholfen, zur Freude aller, denn ich habe schon viel geschafft mit meinem Klavier!

Eine weitere Form, sich selber zu helfen, ist, unnützliche Dinge wegzuwerfen oder weiterzugeben. Und Dinge, die ich kurzfristig nicht brauche, aber die mir über längere Zeit nützlich sein werden, archiviere ich.

Zum Beispiel Texte, die ich mal geschrieben habe. Das ist eine Form, wie ich mir selber helfe.

7. Zauber: Ich zaubere Archivierung!

Was ist wert, es zu behalten? Das, mit dem ich
später noch etwas tun will.
Für Papierkram mache ich mir schöne Ordner,
finde einen Platz für diese.
Bei der Archivierung ist es wichtig, Raum dafür
zu zaubern.

8. Zauber: Ich zaubere meinen Raum!

Wenn ich den Raum fremder Leute betrete,
dann achte ich lieber darauf, was dort für Sitten
herrschen. Vorher habe ich das Beispiel
genannt, dass ich mal in einem Restaurant
klassische Musik gespielt habe. Dieses
Restaurant war aber definitiv anderweitig
beansprucht.

Andererseits, brauche ich aber auch Raum, in
welchem ich der Chef bin. Raum, in dem ich
etwas starten, durchführen und abschließen
kann, was mir und anderen Freude bringt.

Dies lässt sich darauf ausweiten, einen Raum zu
finden, in dem ich mit anderen etwas starten,
durchführen und abschließen kann, was uns und

anderen Freude bringt.

Also finde ich Menschen, die ähnliche Interessen haben, sodass wir gemeinsam einen Raum füllen können.

Ein gemeinsamer Raum drückt die Nähe und die gemeinsamen Interessen von Menschen aus. Deswegen gibt es Raucherräume, Nichtraucherräume, FKK-Strände, Hundestrände. Anders ausgedrückt: Räume mit gewissen Spielregeln, die von den darin tätigen Menschen eingehalten werden sollen.

Im Grunde kann ich unendlich viel Raum für mich beanspruchen, ich muss nur bereit sein, alles, was sich darin abspielt, sehen zu können. Also alle Menschen und Gruppen mit ihren persönlich unterschiedlichen Interessen. Und mit Hilfe dieser Sichtweise gewähre ich dann anderen ihren Raum. Ich rauche also nur in Rauchergebieten. Ich laufe nicht nackt über die Straße.

Ebenso gewähre ich mir einen persönlichen Raum, einen Raum, in welchem ich mich entfalten kann, in dem ich spielen kann. Mein

Raum ist der Raum, in welchem ich meine Zeit verbringe. Deswegen möchte ich einen möglichst freundlichen Raum, welcher zu mir passt.

Ich teile eine Wohnung gemeinsam mit meiner Mutter. Ich habe letzte Woche festgestellt, dass mir mein Zimmer gar nicht wirklich gehört, beziehungsweise, dass ich es zulasse, dass meine Mutter meinen Raum beansprucht. Denn in diesem Raum befand sich ein riesiger Kleiderschrank, welcher viel Freiraum stahl. Und in diesem Kleiderschrank war eben die gesamte Kleidung unseres Haushalts. Und scheinbar gab es keinen anderen Platz für diesen Kleiderschrank. Ferner war in diesem Raum noch mein Kinderbett aus alten Zeiten, in welchem ich zu allem Überfluss auch noch jede Nacht schlief!

Ich fühlte mich also nicht sicher in meinem Raum, da ich nicht wusste, ob es auch wirklich mein Raum ist. Für dieses Problem fand ich Lösungen, indem ich mir Fragen beantwortete.

Ich überlegte mir, was der Zweck meines Raumes ist. Wer sich darin aufhalten darf. Was darin gestartet, durchgeführt und abgeschlossen wird. Welche Gegenstände sich darin befinden. Ich beantwortete mir diese Fragen. Dann zeichnete ich mir einen Raumplan und schrieb ein Konzept meines Raumes, welches die beantworteten Fragen zusammenfasste.

Mit Hilfe meiner Fantasie zauberte ich mir meinen Raum, konnte ihn in meiner Fantasie bereits betreten und darin tätig sein!

Dies klärte ich alles mit meiner Mutter ab, denn ich betrachte natürlich auch ihre Interessen und gewähre ihr ihren Raum. Sie war zunächst nicht so begeistert von den Ideen, aber ich habe diese gut genug erklärt, sodass sie sich zumindest vorstellen konnte, es zu versuchen, den Raum umzugestalten.

Mit Hilfe eines guten Freundes baute ich also in nur zweieinhalb Stunden den Schrank auseinander und baute ihn im Zimmer meiner Mutter wieder auf. Ich brachte alte Möbel aus dem Zimmer und ersetzte sie durch andere, welche mehr zu meinen Bedürfnissen passten.

Ich richtete mir mein ganzes Zimmer nach meinen Bedürfnissen ein. Ich habe jetzt einen Schlafbereich und einen Musik- und Computerbereich. Dies sind die beiden Hauptbestandteile des Zimmers.

Die eigentliche Umsetzung des neuen Rauminhalts war also einfach nur Mechanik: Nachdem ich eine exakte Vorstellung des neuen Raumes hatte, und sie auch meinem Freund und meiner Mutter vermittelte, trafen wir auf dieser Grundlage Entscheidungen, was wir jeweils starten, verändern und abschließen, und setzten diese dann jeweils um.

Und siehe da: Auch meiner Mutter gefiel nun ihr eigener Raum viel besser. Vielleicht einfach dadurch, dass unser gemeinsames Bewusstsein für Raum gestiegen ist. Denn schließlich ist ein Raum das, indem wir leben! Und da ist es schon gut zu wissen, wofür der Raum gut ist.

Doch ich möchte noch mehr. Da ich ein Zauberer bin, tue ich alles, was ich mir vorstellen kann, um Freude zu zaubern. Ein weiterer, wichtiger Schritt der Verzauberung ist, meinen Raum mit

Ästhetik zu füllen. Was liegt also näher, als
darin Kunst zu platzieren?

Oder anderen Leuten und Gruppen mit Kunst
eine Freude zu machen, welche sie dann
beliebig in ihre Räume platzieren können?

9. Zauber: Ich zaubere Kunst!

Kreative Leute zaubern Kunst.
Ich finde Formen der Kunst, denke mir die
Zielperson oder die Zielgruppe, denke mir, was
ich mit dieser Kunst erreichen will und dann
starte ich es, führe es durch und schliesse es
ab.

Ich habe diese Woche eine Ausstellung im neuen
Museum „Kunst der Westküste" in Alkersum auf
der Insel Föhr besucht. Die Gemälde haben mir
wirklich gefallen. Sie zeigten die Geschichte der
Menschen in Norddeutschland, ihre Kleidung,
ihre Gefühle und ihren Alltag. Gleichzeitig hat
mich diese Ausstellung in meiner Motivation
bestätigt und gestärkt, selber künstlerisch tätig
zu sein. Diese Ausstellung hat in meinen Augen
die ganze Insel aufgewertet.

Mit Kunst kann ich vieles bewirken. Ich kann Herzen erwärmen. Ich kann etwas darstellen. Mit Kunst kann ich niemals soviel Schlechtes bewirken, wie mit dem Zünden einer Atombombe. Mit Kunst kann ich verzaubern. Wenn ich das Prinzip der Atombombe einfach um 180 Grad drehe, dann kann ich mit Kunst soviel Konstruktives bewirken wie mit einer Atombombe Destruktives. Ein Beispiel für jemanden, der eine konstruktive Explosion verursacht hat, ist Michael Jackson. Er verzauberte Millionen von Menschen und brachte ihre Herzen zum Glühen.

Und weißt Du, wenn wir schon beim Thema Michael Jackson sind, was er noch bewirkt hat? Er hat Menschen wieder zu Menschen gemacht. Zumindest in seinen Videos. Ich denke an den Videoclip ,Heal the world'. In diesem Video läuft eine Armee aus Kindern zwischen eine Armee von Soldaten. Die Kinder halten Blumen in den Händen, die Soldaten befinden sich in ihren Panzern oder halten Pistolen in den Händen. Genau diese Stelle hat mir Tränen entlockt. Und ich glaube, auch so einigen gut gedrillten Soldaten könnte sie Tränen entlocken. Okay, ich habe den Faden wieder. Menschen.

Kunst fördert Menschen. Oder Menschlichkeit. Tja, und ich bin auch ein Mensch. Also beginne ich bei mir selbst und überlege mir, was ich denn überhaupt für ein Mensch bin.

10. Zauber: Ich zaubere meine Person!

Wer bin ich? Und was mag ich? Und was möchte ich erreichen? Und: Was ist mein Besitz?

Ich beantworte mir diese Fragen zeitlos, so als ob es 'jetzt' da ist - egal ob es äusserlich schon sichtbar ist oder nicht, denn schliesslich bin ich ja ein Zauberer!

Ich bin also Maik, Musiker und Zauberer, ich mag Musik, schöne Mädchen, liebe Menschen und möchte viel erreichen, unter anderem ein eigenes Buch. Ich besitze 8 Millionen Euro und außerdem ein Tonstudio.

Damit habe ich mir meine Fragen beantwortet und meine Person gezaubert. Nun gehts einfach nur noch darum, auf diesen Grundlagen Entscheidungen darüber zu treffen, was ich als nächstes starten, durchführen und abschließen möchte und dies zu tun.

Bekanntlich gehört zu einer Person auch ihr Charakter. Wie zaubere ich mir also meinen Charakter? Indem ich mich auf einem hohen Niveau verhalte, positive Einstellungen habe und Standarts setze. Diese setze ich dann ins Leben um, sodass mich meine Erfahrungen prägen. Ich präge also selber meinen Charakter. Ich bin ein Zauberer, ich bin ich!

Ein Wink mit dem Zauberstab gefällig? Nun, wenn ich ein hohes Verhaltensniveau an den Tag lege, positive Einstellungen zu Menschen und Dingen habe und Standarts setze, dann erlebe ich natürlich gute Erfahrungen. Denn wie kann ich schlechte Erfahrungen haben, wenn ich freundlich bin, offen auf Menschen zugehe, sie grundsätzlich nett finde und dann auch Menschen finde, mit denen ich mich gut verstehe und somit auch gute Erfahrungen habe?

Und diese prägen ja meinen Charakter. Ich habe dann einen fröhlichen, glücklichen, ausgeglichenen Charakter. Apropos Charakter, es gibt da so einen „abgelatschten" Spruch: Geld verdirbt den Charakter. Ob dem wirklich so ist oder ob ich nicht unabhängig vom Geld ein hohes Verhaltensniveau an den Tag legen, positive Einstellungen haben und Standarts setzen kann, dem werde ich im Folgenden Abschnitt nachgehen.

11. Zauber: Ich zaubere Geld!

Mag ich Geld? Ja, ich mag es!
Es gab aber eine Zeit, als ich Geld nicht mochte. Ich führte dann einige Zaubertricks durch, um es wieder zu mögen.

Etwas zu mögen führt dazu, dass es näherkommt. Oder wieso sind sich Liebespaare so nahe?

Wenn ich also Geld mag, wenn ich mich mit Geld gut fühle, dann bin ich dem Geld auch näher.

Geld zu mögen hilft mir, mehr Geld zu haben.

Was tue ich also, wenn ich keine besondere Beziehung zu Geld habe, wenn es neutral ist, weder Freund, noch Gegenspieler. Was tue ich, um Geld zu mögen?

Ich nehme mir einen Geldschein oder eine Münze und gucke sie mir an. Was fällt mir daran auf? Was mag ich daran? Dann drehe ich den Schein um und gucke wieder, was mir daran auffällt und was ich daran mag. Was sagt mir dieser Geldschein? Kenne ich die Bedeutung der Sterne auf dem Geldschein?

Dann trage ich Geld bei mir und gebe dieses Geld nicht aus. Ich trage aber auch Geld bei mir, welches ich ausgebe. Das gibt mir die Gewissheit, immer Geld zu haben und andererseits davon unabhängig zu sein, denn ich kann es sowohl weggeben, als auch behalten.

Ferner helfe ich auch meinen Mitmenschen ein bisschen weiter und male einen Fantasie-Geldschein und schenke ihn jemandem.

Ich lasse mir von einem Freund oder einer Freundin ein Foto von mir machen, in welchem es darum geht, dass ich Geld habe, am besten viel Geld, und dann hänge ich dieses Foto an einem Platz meiner Wahl auf.

Ich mache mit geschlossenen oder offenen Augen eine Übung, in der ich mir vorstelle, viel,

viel Geld zu haben. Dieses Geld kann ich auch mit Hilfe meiner Fantasie einfach im Raum platzieren. Dies wäre dann eine Kombination aus bereits Sichtbarem, aus vorhandenen Erfahrungen und aus etwas Neuem, in der Fantasie gestaltetem.

Um Geld zu zaubern, für andere und für mich, muss ich mir auch klar darüber sein, dass Geld nur dann leben kann, wenn es auch benutzt wird. 'Wand're Taler, wand're, von einer Hand zur and'ren.' Ich gebe also Geld aus, aber achte darauf, dass ich mindestens genauso viel Geld einnehme. Dann habe ich immer genug Geld und andere auch.

Vielleicht kennst Du schon die Geschichte von den beiden Städten, in denen auch ein Fischer, ein Tischler, ein Koch und ein Friseur lebten.

In der ersten Stadt, an einem regnerischen Tag, da verkaufte der Fischer einem Unbekannten für 10 Taler ein kleines Netz mit Fischen. Diese 10

Übung: Ich lass mir von einem Freund oder einer Freundin ein Foto von mir machen, in welchem es darum geht, dass ich Geld habe, am besten viel Geld, und dann platziere ich dieses Foto an einem Ort meiner Wahl.

Taler lagerten nun ein Jahr lang in seiner Spardose, ohne, dass etwas damit passierte. Er war nicht die einzige Person, die ihr Geld sparte.

Irgendwie klagten die Stadtbewohner über mangelnde Aufträge. Einige mussten hungern. Einige wurden arbeitslos.

In einer anderen Stadt, 500 km weiter, zur selben Zeit, schien die Sonne. Es gab jedoch eine ähnliche Situation. Der Fischer verkaufte ebenfalls einem Unbekannten für 10 Taler ein kleines Netz mit Fischen. Doch der Fischer ließ sich, im Gegensatz zu dem Fischer aus der anderen Stadt, für die 10 Taler die Haare beim Friseur schneiden. Dieser würde, wenn er in der heutigen Zeit leben würde, dafür Haarspray und Parfum kaufen. Doch diese Geschichte spielte sich im 19. Jahrhundert ab. Der Friseur kaufte sich für die 10 Taler einen neuen Stuhl beim Tischler und der Tischler wiederum ließ sich beim Koch ein leckeres Mittagessen für die ganze Familie liefern. Der Koch wiederum gab dieses Geld dem Fischer, welcher dem Koch dafür ein Netz mit Fischen gab. Das Geld wanderte also und jeder hatte etwas davon.

Das Geld an sich kann nur leben, wenn es benutzt wird und andersherum können auch wir nur gut leben, wenn wir es auch gebrauchen.

Es geht sicherlich auch, ohne Geld zu leben, doch das ist eine Idee, die ich persönlich nicht in meiner Fantasie austüftele und deswegen hier auch nicht weiter beschreiben werde, da ich Geld für nützlich und gut halte. Doch unabhängig davon, existiert auch Geld nur, um Freude zu bringen. Im Grunde ist der Zweck des Geldes, Freude zu bringen. Deswegen ist die Freude wichtiger als das Geld, ist quasi der Ursprung des Geldes. Ist Dir eigentlich schon aufgefallen, dass Freude ein ähnliches Wort ist wie Freunde?

Und deswegen möchte ich noch eingehen auf die überaus wichtige Fähigkeit, sowohl mit viel Geld gut leben zu können, als auch mit wenig Geld gut leben zu können, sodass ich unabhängig vom Geld immer Freude in mein Leben zaubern kann. 'Bei Geld hört die Freundschaft auf', ist ein veraltetes Konzept, wie ich im Folgenden hoffentlich klar darlegen werde.

Wenn ich eine Million Euro hätte...

Es gibt zahl-reiche Leute, also Leute die reichlich zahlen, oder andersherum, reich sein wollen mit Hilfe von Zahlen - zum Beispiel bei bekannten, deutschlandweiten oder internationalen Gewinnspielen. Ob diese Menschen sich denn auch die Möglichkeit vorstellen, zu gewinnen? Oder spielen sie einfach so - ohne sich großartige Hoffnungen zu machen?

Also ich, wenn ich an solchen Spielen teilnehmen würde, würde mir ernsthaft Gedanken machen, was ich in genau dem Moment machen würde, in dem ich von dem Gewinn erfahren würde. Weiterhin würde ich mir ernsthaft Gedanken machen, was ich genau in dem Moment machen würde, wo ich das Geld auf meinem Konto, auf meinem Wohnzimmertisch, auf dem Wohnzimmerteppich und in meinem Reisekoffer vorliegen hätte.

Dies würde ich mir bildlich vorstellen. Dann würde ich mir einen Zettel nehmen und aufschreiben, was ich damit machen würde, Aktion für Aktion, mit Angabe der dafür benötigten Geldsumme! Also zum Beispiel: Griechenlandreise, zwei Wochen lang, 2000 Euro.

Die entstandene Liste würde ich unterschreiben. Denn wenn ich schon spiele, dann gehe ich auch von der Möglichkeit aus, zu gewinnen. Und wenn ich dann tatsächlich gewinne, wäre es wegen den möglicherweise unkontrollierbaren Gefühlsausbrüchen schwierig, sich erst dann auszumalen, was ich mit dem Geld machen will. Durch meine Liste habe ich auch im Falle des Gewinns eine klare Fantasie statt fixer Konzepte, wie: Wenn ich eine Million Euro habe, kaufe ich mir zunächst irgendeine Villa, trenne mich von meinem Job, kaufe einen Sportwagen und veranstalte eine Saufparty. Ich könnte so, trotz der Freude, immernoch meinen Zielen treu bleiben. Und indem ich diese Liste im Vorweg schreibe, erlaube ich meiner Fantasie, zu meiner Erfahrung zu werden.

Doch selbst wenn ich nicht gewinne, hätte ich doch durch diese Übung eines herausgefunden, nämlich: Was ich wirklich will! Und das ist schon viel wert, es ist die Grundlage für ein zauberhaftes, freudevolles Leben!

Und damit wäre ich auch wieder nicht abhängig vom Geld. Der Gewinn wäre einfach nur ein netter Gewinn, den ich nutze, um meine Pläne schneller in die Tat umzusetzen!

Damit hätte ich auch meine Frage vom vorherigen Kapitel beantwortet, ob denn Geld den Charakter verderbe. Tut es nicht! Ich kann unabhängig vom Geld, Freude zaubern, wenn ich weiß, was ich tun will. Und indem ich Freude zaubere, beeinflusse ich meinen Charakter.

Was würde ich persönlich denn mit einem Geldgewinn machen? Ich persönlich würde weiterhin Neues lernen, es anwenden und produzieren. Vor allem im Bereich der Musik und anderen Künsten. Ich würde ein Tonstudio aufbauen und Personen unterstützen, die ich wirklich mag. Und auch falls ich keine Million gewinne, so kann ich mich doch sofort daran machen, meine Pläne umzusetzen. Ich denke, das ist eine wirklich nützliche Sichtweise, die Sache zu sehen! Und nun werfe ich den imaginären Ball an Dich - was würdest Du mit einer Million Euro machen? Und was davon könntest Du auch ohne diese Million Euro machen? Dies ist ein Angebot an Dich, Dir diese Fragen zu beantworten. Schau Dir beide Seiten an, denn es ist wichtig, dass Du sowohl die Fähigkeit hast, mit viel Geld gut zu leben als auch mit wenig Geld gut zu leben. Schau Dir beide Seiten der Goldmünze an. ... Das ist ein Zaubertrick!

Ein hoher Geldgewinn zaubert zwar ein breites Lächeln ins Gesicht, doch vielleicht gibt es ja auch noch viele andere Möglichkeiten? Denn würde ich nur mit Geld jemanden zum Lachen bringen können, wäre ich ein ziemlich begrenzter Zauberer.

12. Zauber: Ich zaubere ein Lächeln!

Womit kann ich jemandem ein Lächeln ins Gesicht zaubern?

Ich finde es heraus, schaue, ob ich es auch gerne tue oder nicht, und falls ja, dann starte ich es, führe es durch und schliesse es ab.

Ich arbeitete mal mit einer Köchin zusammen, die recht zornig eingestellt war. Ständig hatte sie zu einer Aussage ein Kontra parat, und forderte einen auch richtig heraus, zornig zu werden. Einem Impuls folgend sagte ich ihr einmal: „Mir gefallen Deine roten Haare! Ich will auch solche". Ich meinte das auch so. Sie antwortete: „Ach, Du solltest Dir lieber eine Glatze schneiden lassen!" - ich bot ihr also Gelegenheit, in ihrem normalen Tonfall zu kontern, bestätigte sie aber gleichzeitig für ihren guten Geschmack. Den Rest des Tages war sie nett zu mir und ihr dauerhaftes Grinsen löste sich auch mal in ein Lächeln. Später färbte ich mir meine Haare tatsächlich rot, weil ich es wollte. Aber das ist eine andere Geschichte.

Als 17-jähriger saß ich mal im Speiseraum einer mir neuen Gruppe. Ein 16-jähriger, der schon länger in der Gruppe war, schaute mich an. Ich schaute ihn zurück an. Wir starrten uns also vier Sekunden lang an, bis wir beide lachen mussten. Dann sagte er: „Ich bewundere es, dass Du, ohne vorher etwas über unsere Gruppe zu wissen, einfach dazugestoßen bist!" Er meinte dies auch so. Ich freute mich sehr darüber und antwortete: „Ja, ich wollte es einfach mal ausprobieren. Ich weiß zwar nicht, ob ich gut Theater spielen kann, aber... rein ins

Vergnügen!", wir sprachen dann noch über unsere Hobbys und schon hatte ich an diesem Tag mehr als nur ein Lächeln im Gesicht.

'Ein Lächeln kostet weniger als elektrischer Strom, bringt aber dennoch mehr Wärme.' Zauberei!

Nun beschäftigt mich noch eine Frage: Wie kann ich den Anteil an lachenden, oder einfach zufriedenen Personen in meiner Umgebung allgemein und über längere Zeit hinweg erhöhen?

Nun, was ist es denn, was die meisten Menschen beschäftigt? Es sind ihre Projekte!

13. Zauber: Ich zaubere Projekte!

Die meisten meiner Freunde, sowie mir unbekannten Menschen, haben eine Vielzahl an Projekten, wie die Fortführung ihres aktuellen Berufs, oder die Gestaltwerdung ihres Zauberlebens. Ich habe eine Liste meiner Freunde und ihrer größten Projekte, sodass ich mich mit ihnen darüber austauschen kann, und sie dann eben nicht mit Themen nerven muss, welche sie vielleicht gar nicht interessieren.

Das Wissen um die Ziele meiner Mitmenschen erhöht sowohl ihre, als auch meine Zufriedenheit, vorausgesetzt, diese Ziele haben als Zweck eine Erhöhung der Freude im Leben.

Das Wichtigste beim Durchführen eines Projektes ist es, das Richtige zu starten, das Richtige durchzuführen und das Richtige zu stoppen oder abzuschliessen und: Das Falsche nicht zu tun.

Was mir immer wieder hilft, ist es, meine Projekte in kleinere Projekte und diese wiederum in kleine Ziele einzuteilen.

Beispiel: Ich möchte, dass dieses Buch bis zum Jahr 2012 von einer Million Menschen gelesen wird. Dieses große Projekt teile ich mir in mehrere Unterprojekte auf. Eines dieser Unterprojekte wäre, allen meinen Freunden dieses Buch zukommen zu lassen. Und da ich auch diese Aufgabe nicht in einem Tag bewältige, teile ich dieses Unterprojekt nochmal in kleine Ziele ein.

Kleine Ziele
Nachmittag, Abend

Buch Korrekturlesen
ca. 1 Stunde   ✓ ☺

Zwei Stunden singen
                      —

Waldspaziergang   ✓ ☺
ca. 1½ Stunden

Mit Julian Holzfällen ✓ ☺
ca. 1 Stunde

Gemütlicher Abend am
Holzofen   —
offen

Und dann bringe ich das Buch diesen Freunden oder schicke es ihnen. Damit hätte ich ein kleines Ziel in einer planbaren Zeitspanne abgehakt, somit meinem Projekt genützt und könnte den nächsten Block von fünf Freunden in Angriff nehmen, oder etwas Anderes tun, für ein anderes Projekt.

Ein kleines Ziel ist also eine Reihe von Aktionen, oder eine einzelne Aktion, welche mindestens einem meiner Projekte nützt.

Das kleine Ziel, das Buch an fünf Freunde zu verteilen, nützt meinem Unterprojekt, allen meinen Freunden das Buch zukommen zu lassen. Und dieses Unterprojekt wiederum nützt dann meinem großen Projekt, dass eine Million Menschen dieses Buch lesen.

Da ich mehrere Projekte habe, habe ich auch mehrere kleine Ziele. Ich möchte zum Beispiel noch das Haus putzen, ich möchte zwei Stunden singen, ich möchte ein Musikstück einstudieren und ich möchte den Einkauf für meine Mutter erledigen, damit sie rechtzeitig das geplante Essen zaubern kann.

Die kleinen Ziele in meiner Liste sortiere ich dann nach Priorität. Ich entscheide, dass dieses Ziel eine hohe Priorität hat. Dieses eine mittlere. Das andere wiederum wenig Priorität. Und vielleicht habe ich auch Ziele in meiner Liste, die gar keine Priorität haben.

Die wichtigen Ziele, die ich mit einer hohen Priorität versehen habe, schreibe ich dann auf eine neue Liste und versehe jedes Ziel mit einem Zeitrahmen. Wie lange wird es etwa dauern, um sie zu erreichen? Zum Beispiel brauche ich zum Einstudieren des neuen Musikstücks etwa drei Stunden. Um das Büchlein an fünf Freunde zu verteilen, brauche ich etwa eine Stunde. Um das Haus zu putzen, nehme ich mir ebenfalls eine Stunde Zeit. Der Einkauf sollte auch nicht unerledigt bleiben und wird etwa eine halbe Stunde in Anspruch nehmen.

Und dann folgen die Taten, welche ich auch auf der Liste abhake und welche ich so, und vielleicht auch auf anderem Wege, bestätige.

14. Zauber: Ich zaubere Bestätigung!

Ich zaubere anderen eine Freude, indem ich sie bestätige für das, was sie tun. Vorausgesetzt, ich bin der Meinung, dass dieses Tun mir und anderen Freude bringt. Ich bedanke mich bei meiner Mutter für das gelungene Essen. Ich danke dem Handwerker für den reparierten Wasserhahn. Ich schreibe einen Leserbrief an eine Zeitschrift, die einen guten Artikel herausgebracht hat.
Doch ich bestätige auch mich selber. Wie bestätige ich mich? Ganz einfach, ich mache mir klar, was ich geschafft habe und tue mir selber was Gutes. Ich gönne mir nach dem Erreichen von, sagen wir, drei kleinen Zielen einen Moment für mich. Ich gönne mir ein Eis, einen Kaffee, eine Pizza oder einen Spaziergang. Nach dem Erreichen eines ganzen Projektes gönne ich mir einen schönen Tag und tue etwas Entspannendes, was ich schon länger tun will oder was ich spontan tun will.

Statt missmutig auf die nicht erledigten Dinge zu schauen, gönne ich mir dieses Stückchen Psychohygiene und tue mir etwas Gutes. Das gibt mir neue Energie. Missmut stiehlt mir bloß

Energie. Und wenn ich mich dann zu meiner Zufriedenheit bestätigt habe, nehme ich das nächste Ziel, oder das nächste Projekt in Angriff.

So zaubere ich mir Freude über einen längeren Zeitraum. ... und Freunde!

15. Zauber: Ich zaubere Freunde!

Freundschaft entsteht dann, wenn zwei oder mehr Personen gemeinsam Freude erschaffen.

'Ein Freund, ein guter Freund, das ist das Beste, was es gibt auf der Welt' – lautet der Text eines bekannten Liedes.

Doch es gibt solche Freunde... und solche.

Zunächst beantworte ich mir die Frage, was oder wer für mich ein Freund ist.

Grundsätzlich kann jeder Mensch mein Freund sein. Jeder, der Freude erschafft, ob ich ihn kenne, oder nicht, ist ein Freund!
Doch um es einfacher zu machen, meine ich ab

jetzt mit Freunden nur solche Menschen, welche ich auch persönlich kenne.

Ein Freund, ein wirklicher Freund ist in diesem Sinne für mich nicht jemand, mit dem ich nicht rede. Es ist auch nicht jemand, der mir meine Zeit stiehlt, mich mit uninteressanten Problemen nervt, oder mir sogar ernsthaft schaden möchte. Über so einen Menschen kann ich nur lachen, oder ihm einfach seinen Raum gewähren, mich von ihm abgrenzen und mir meinen eigenen Raum gewähren.

Ein Freund, ein wirklicher Freund ist für mich jemand, mit dem ich meine Zeit verbringe, mit dem ich einen oder mehrere Räume teile, seien es sichtbare oder unsichtbare, mit dem ich mich viel austausche über interessante Probleme. Es ist jemand, mit dem ich gemeinsam entscheide, was in unserem gemeinsamen Raum gestartet, verändert und gestoppt werden sollte und mit dem ich es dann umsetze. Es ist jemand, von dem ich Antworten bekomme, über den ich genug weiß, um ihm eine Freude machen zu können.

Hier wäre es auch interessant herauszufinden,

wie lange es für einen Menschen dauert, eine Freundschaft aufzubauen – also vom Zeitpunkt des Kennenlernens, bis zu dem Punkt, wo man sich tatsächlich als Freunde versteht. Die Zeitspanne vom Kennenlernen, bis zur tatsächlichen Freundschaft.

Wenn es zwei Zauberer wären, und sie beide die Absicht haben, Freude zu zaubern, und dann auch noch fit darin wären, ihren eigenen Charakter zu zaubern und ihre Fantasie einzusetzen, dann würde diese Zeitspanne sehr kurz ausfallen.

Wenn nur eine der beiden Personen diese Eigenschaften aufweisen würde, so würde sie dies schnell bemerken und die Freundschaft wäre so schnell in Luft aufgelöst, wie sie sich anbahnte.

Ein gutes Anzeichen dafür, ob jemand als Freund in Frage kommt, ist übrigens, wie wohl ich mich in seiner Gegenwart fühle. Und wie gut mir der Raum gefällt, in welchem wir uns gemeinsam befinden, denn dieser Raum wird ja von uns gefüllt.

Ich habe vorhin erwähnt, dass ich mich mit einem Freund über Probleme austausche. Das ist richtig, denn mein Leben besteht zu einem guten Teil aus Problemen, die es zu lösen gilt. Doch genauso, wie ich meine Freunde selber aussuche, suche ich auch meine Probleme selber aus.

16. Zauber: Ich zaubere Probleme!

Nun, als Gott langweilig war, als er zuviel Zeit hatte, zuviel Raum und zuviel wusste, da erschuf er etwas, das er 'Probleme' nannte. Er dachte sich: „Ist ja echt ätzend, ich habe zuviel Zeit, zuviel Raum und ich weiß alles. Das gefällt mir nicht. Das ist echt ein Problem!" Und somit hatte er ein erstes Problem gezaubert. Uups! Entschuldige bitte, ich habe Gott erwähnt, obwohl ich mir vorgenommen habe, in diesem Buch nicht über Religionen oder über Gott zu schreiben.

Nun habe ich ein Problem: Ich habe mir vorgenommen, in diesem Buch nicht über Gott zu schreiben und jetzt schreibe ich nun doch über Gott. Zwei entgegengesetzte Absichten!

Tja, nun habe ich es getan und habe damit auch den Salat.

Was ist denn genau passiert?
Ich habe mir vor dem Schreiben des Buches die Frage gestellt: Werde ich es schaffen, Gott und Religionen aus dem Spiel zu lassen?
Und dann habe ich die Frage einfach offen gelassen.
Diese Frage beinhaltete die Möglichkeit, dass ich es nicht schaffen würde, Gott und Religion in diesem Buch aus dem Spiel zu lassen.

Und schon habe ich ein Problem!

Doch nachdem das Problem schon aufgetaucht ist, werde ich dieses Problem jetzt lösen, indem ich es an der Quelle packe und mir meine offene Frage beantworte: Werde ich es schaffen, Gott und Religion in meinem ersten Buch aus dem Spiel zu lassen? Ja, ich werde Gott und Religion in diesem Buch ab jetzt aus dem Spiel lassen. Thema erledigt.

Oder nicht ganz? Um nun bei Dir keine Fragen offen zu lassen, beantworte ich die Frage danach, ob ich denn an Gott glaube oder ob ich irgendeine religiöse Motivation verfolge. Nein, tue ich nicht! Ich halte alle Religionen für berechtigt und finde, sie dürfen gerne alle nebeneinander existieren. Nur sollten Religionen sich nicht bekämpfen. Wenn eine Religion gegen die andere eingestellt ist, existiert nämlich ein Problem, welches den Blick auf noch größere Probleme versperrt, wie zum Beispiel die freudevolle Zukunft der Menschheit.

Ich stelle mir gerade einen Menschen vor, welcher nur Probleme dieser Art hat. Nur, dass er diese Probleme noch nicht einmal mit jemandem teilt. Sagen wir, ein alter Mann, welcher in seiner Bude haust und sich ständig mit Problemen beschäftigt, welche nur er hat: Werde ich es schaffen, den nächsten Tag zu überstehen? Werde ich wieder gesund werden? Werde ich irgendwann wieder Freunde haben? Wird mich meine Tochter mal besuchen kommen? Und so weiter.
Dieser Mann lässt diese Fragen offen.
Kein Wunder, dass er nur mit Problemen herumläuft.
Ich pflücke einfach mal die erste Frage des Mannes auseinander. Er fragt sich: Werde ich es

schaffen, den nächsten Tag zu überstehen?
Diese Frage beinhaltet die Möglichkeit, den
nächsten Tag nicht zu überstehen.
Diese Frage beinhaltet außerdem die
Möglichkeit, den nächsten Tag zu überstehen.

Und wenn er sich diese Frage nicht
beantwortet, dann wird ihm beides passieren,
er wird den Tag sowohl überstehen, als auch
nicht überstehen. Das Ergebnis wäre, dass gar
nichts von Beidem auftritt, denn beide
Möglichkeiten sind in dieser Frage
gleichberechtigt vorhanden und keine ist stärker
als die andere. Das einzige, was passiert, ist,
dass er sich am nächsten Tag immernoch mit
dieser Frage beschäftigen wird.

Würde dieser Mann eine Entscheidung treffen,
genau die Beantwortung dieser Frage zu
starten, durchzuführen und abzuschließen, dann
hätte er das Problem gelöst!

Gehen wir davon aus, dass irgendein glücklicher
Umstand dem Mann hilft, sich diese Frage zu
beantworten, zum Beispiel gewinnt er eine
Million Euro im Lotto. Er sagt: Ja, natürlich
werde ich den nächsten Tag überstehen, was für

eine blöde Frage!

Gehen wir davon aus, dass sich dieser Mann weitere offenen Fragen beantwortet, und zwar solange, bis er die Fähigkeit erlangt hat, selber neue Probleme in die Welt zu setzen.

Diesen Mann stelle ich mir als einen sehr zufriedenen Mann vor, denn er würde sich vielleicht nun Fragen dieser Art stellen: Wie kann ich meiner Tochter eine Freude machen? Ich habe ein Problem, ich möchte es lösen. Er beantwortet sich diese Frage dann, er entscheidet, was er starten, verändern und was er stoppen möchte und tut es dann.

Nochmal zu mir. Ich habe mir ein Problem kreirt: Werde ich es schaffen, dass eine Million Menschen dieses Buch lesen? Diese Frage ist offen, und zwar solange, bis sie tatsächlich beantwortet ist. Doch ich, mit Hilfe meiner Fantasie, habe schon eine Antwort parat: Ein klares JA! Nun gilt es nur noch, diese Entscheidung, diese Lösung des Problems, umzusetzen. Ja, ich werde es schaffen. Also: 'Ran an die Arbeit! Ich entscheide mich, was ich auf dieser Grundlage starte, stoppe oder durchführe, und dann tue ich es. Es ist nur noch eine Sache der Umsetzung. Den Rest regelt die Zeit... Denn ich brauche Zeit, bis das Ziel erreicht ist.

17. Zauber: Ich zaubere meine Zeit!

Wie zaubere ich Zeit? Indem ich sie mir nehme! Ich kann Zeit tatsächlich besitzen. Wenn ich mir etwas nehme, dann habe ich es. Zeit gibt es genug. Die ganze Zeit über gibt es Zeit. Ich muss sie mir nur nehmen.

Wenn ich eine Entscheidung getroffen habe, dass ich ein Brötchen essen möchte, dann nehme ich mir die Zeit, es zu tun.

Und Dir danke ich hiermit, dass Du Dir die Zeit genommen hast, das Buch zu lesen.

Und wenn ich mir nicht vorstellen könnte, dieses Buch nun abzuschließen, dann wäre es auch nicht fertig geworden. Danke!

... Sei ein Zauberer, oder eine Fee, in Menschengestalt!

Über den Autor

Maik Beta wurde am 7.März.1989 in Niebüll geboren. Seit er acht Jahre alt ist, kreirt er in seiner Fantasie Musikstücke, welche er dann komponiert und aufnimmt oder aufführt. Aktuell bildet er sich zum Sozialpädagogischen Assisten aus, um Menschen und Musik zu verbinden. Da nicht nur in diesen beiden Bereichen Kreaitivität und Fantasie mehr als gefragt sind, ist es ihm wichtig, auch im Alltag neben der Auswertung bereits vorhandener Erfahrungen vor allem die eigene Fantasie zu nutzen, um so neue Möglichkeiten und Situationen ins Dasein zu rufen. Das ist menschengerechte Zauberei und genau deswegen hat er dieses Buch geschrieben.

Weitere Empfehlungen des Autors

CD „Maiks Atlantis 1":
Maiks Atlantis 1, (C)opyright 2009 by Maik Beta

Für Freunde von neuartiger New Age-, Entspannungs- und Klaviermusik.

Weitere Informationen unter:
http://www.maikbeta.info

* * * * * * * *

Videos von Maik Beta im Internetportal http://www.youtube.de:

Um Videos von Maiks Balladen und Live-Auftritten zu sehen, gebe als Suchbegriff unter oben genannter Adresse „Maik Beta" oder „Bin soeben aufgewacht" ein.

70